L.n 27 1644

ÉLOGE
DE POTHIER,

DISCOURS qui a obtenu le PRIX décerné par la Société Royale des Sciences, Arts et Belles-Lettres d'Orléans,

AU CONCOURS DE 1822.

Par M. Boscheron Desportes,

Substitut de M. le Procureur-général près la Cour Royale de cette ville.

ORLÉANS,

Chez Mme Ve HUET-PERDOUX, *Imprimeur;*

ET A PARIS,

Chez PILLET aîné et COLNET, *Libraires.*

1823.

ÉLOGE DE POTHIER.

> .... *Cui Pudor et Justitiæ soror,*
> *Incorrupta Fides, nuda que Veritas,*
> *Quandò ullum invenient parem?*
>
> HORACE, Ode 24, liv. Ier.

Le nom de Législateur a été chez tous les peuples du monde le plus beau titre aux respects des contemporains et aux éloges de la postérité. Par-tout la reconnaissance publique a consacré la mémoire de ces bienfaiteurs de l'humanité, dont la voix fit tomber les armes des mains d'une nation féroce, ou réveilla dans des cœurs énervés par la corruption une vertueuse énergie. Mais cette gloire qui, durable comme ses monumens, survit avec eux à la chûte des empires, est l'apanage exclusif de ceux qui ont donné des lois à leur pays, et l'opinion commune semble l'avoir constamment refusée à leurs interprêtes. Beaux-arts, histoire, poésie, éloquence, tout parle du législateur: ce n'est guères que dans le temple de la justice et parmi les hommes voués à ses fonctions qu'on entend le nom du Jurisconsulte. Au moment de payer à celui qui honora son siècle le tribut de nos éloges, qu'il nous soit permis de réclamer contre un partage trop inégal, et de repousser l'injuste indifférence attachée à la carrière illustrée par ses travaux. C'est dans l'enfance de la civilisation, c'est pour des esprits neufs et vierges encore de ses excès, que le législateur a presque toujours tracé ses décrets. Un petit nombre de préceptes simples, de règles faciles à comprendre et à observer lui ont suffi pour le gouvernement d'une société naissante, pauvre et peu étendue. Bientôt avec les progrès de sa population et de son industrie s'accroissent rapidement les infractions aux lois. Que deviendrait alors ce précieux dépôt, si, au milieu de la dépravation universelle, il n'était recueilli par quelques sages, qu'elle a seuls respectés ? Ils veillent pour le garantir de ses outrages : apôtres de la vérité, dans ces tems de mensonge, ce sont eux qui se dévouent à la pénible mission de rétablir dans leur pureté première ces doctrines altérées par une méchanceté dont elles gênaient les funestes entreprises. Remonter jusqu'aux sources où les puisa le législateur, se pénétrer de son esprit, démasquer la mauvaise foi, confondre l'ignorance ; voilà la tâche de ces savans infatigables. La qualification modeste de jurisconsulte sera-t-elle leur unique récompense ? Et si à de pareils titres qui en revendiquent déjà une plus belle, ils ont réuni ceux de juges intègres et de citoyens vertueux, si toute leur existence ne fût qu'un continuel exemple de respect pour ces lois qu'ils ont fait revivre; leur patrie pourrait-elle, sans ingratitude, refuser de les inscrire avec éclat dans ses fastes? Elle ne leur rendra pas, sans doute, cette espèce de culte qu'elle réserve au législateur lui-même, comme au fondateur de sa puissance et de sa prospérité; mais elle les assimilera au génie réparateur qui, aux jours de décadence et d'une imminente dissolution, relève les états, retrempe les peuples et revivifie les mœurs en affermissant dans les mains de la justice le sceptre et le glaive, symboles tutélaires de sa divine autorité.

Jurisconsulte, magistrat, citoyen, POTHIER offrit, parmi nous, le rare assemblage de tous les droits que ce triple caractère peut donner aux suffrages de la postérité. La vénération générale l'entoura pendant sa vie : il ne manquait plus à sa gloire que ce triomphe décerné à la mémoire d'un grand homme par l'élite de ses compatriotes, lorsqu'ils proposent son panégyrique à l'émulation du monde savant. C'était au sein d'une ville fière de l'avoir vu naître que devait s'élever la pensée de l'hommage solennel rendu aujourd'hui à Pothier. Pour nous qui, dans ces lieux où son souvenir est vivant encore, osons nous adresser à des juges qui furent presque ses disciples, puissions-nous ne pas leur retracer une image trop infidèle! Puissent aussi nos louanges trouver grâce devant l'ombre d'un sage dont la modestie, c'est trop peu dire, dont l'humilité fuyait jusqu'aux félicitations de l'amitié! Nous essayerons de peindre en lui le restaurateur des lois, leur interprète dans la chaire, leur oracle au sénat; mais nous parlerons aussi de ses mœurs, douces et pures, et de cette bonté touchante qui, dissimulant la supériorité du mérite, parait l'érudition même des grâces de la naïveté.

PREMIÈRE PARTIE.

L'histoire ne présente pas de spectacle plus majestueux que celui des révolutions opérées dans la législation d'un grand peuple. Dans l'antiquité, un voile impénétrable enveloppe presque par-tout la marche progressive par laquelle les institutions sont arrivées à une perfection plus ou moins avancée. Cependant cette mystérieuse opération se montre, pour ainsi dire, à découvert chez les Romains. Lorsque les lois de Numa et de ses successeurs eurent subi, sous les descendans de Brutus, l'effet de la haine attachée indistinctement par ces républicains à toutes les œuvres de la royauté, les Décemvirs gravèrent sur l'airain, le bois et l'ivoire, ces douze tables si fameuses. Rome alors ne dédaigna pas d'emprunter à la Grèce les résultats de sa civilisation, et le code de Solon vint régir une cité qui faisait remonter à un prince Troyen sa fabuleuse origine. On la voit ensuite surpasser son modèle, car, dans un Etat où les magistrats étaient législateurs, où chaque citoyen exerçait une portion de la souveraine puissance, où il fallait enfin pour parvenir aux dignités, apporter à la tribune l'art de la parole réuni à la science des lois, celles-ci devaient bien vîte s'étendre et s'améliorer. Tandis que le souvenir des anciennes mœurs y conservait les principes immuables que la nature et la raison ont gravés dans tous les cœurs, la victoire y déposait aussi ses conquêtes. Elevées ainsi peu à peu sur les ruines d'une foule d'autres institutions effacées avec le nom des nations soumises, enrichies chaque jour par tant de tributs domestiques et étrangers, ces lois demeurèrent le seul type de l'équité dans les transactions humaines, et tout ce qu'il y avait sur la terre de bon et de juste, sembla s'y être réfugié comme dans un inviolable sanctuaire. Cependant ce prodigieux ouvrage de tant de siècles restait inachevé au milieu des guerres civiles qui ensanglantèrent les derniers momens de la République. La vanité des Empereurs parut plus occupée d'y ajouter que de le polir, et le règne éphémère de la plupart ne leur permit même pas ce soin frivole. Enfin, quand Justinien monta sur le trône des Césars, le Droit Romain était disséminé dans une multitude de traités, que la vie toute entière aurait à peine suffi pour rassembler, et que la tête la plus vaste ne pouvait contenir. Ce Prince, dont la magnificence éleva tant de somptueux édifices, se montra jaloux de reconstruire un monument dont le déplorable état accusait l'incurie de ses prédécesseurs. Peut-être aussi fut-il frappé du danger qu'il courait en voyant l'ancienne capitale du monde au pouvoir des barbares, leurs armées aux portes de la ville de Constantin, et les triomphes de Narsés et de Bélisaire suspendre plutôt qu'arrêter les ravages de ce torrent. Heureux si une précipitation fatale n'eût pas présidé à l'accomplissement de ce grand dessein, et si le ministre sur lequel il s'en reposa, plus empressé de flatter l'orgueil de son maître que d'être utile à ses sujets, n'avait placé le mérite du travail dans la promptitude de l'exécution ! Quoi qu'il en soit de l'imperfection de cette entreprise, les événemens postérieurs ne tardent point à en justifier la nécessité. Dans la honteuse décadence du Bas-Empire, le recueil de

Justinien est livré à l'oubli, et c'est plus de cinq siècles après son apparition que le seul manuscrit échappé au naufrage, est retrouvé loin de la patrie de Tribonien, au milieu du pillage d'une ville prise d'assaut : comme si la providence l'avait placé là pour montrer à quoi tenaient les destinées de ce que l'esprit humain a produit de plus parfait. Bientôt les fruits de cette précieuse découverte commencent à germer parmi les sauvages conquérans de l'Europe. Héritière des vestiges de la puissance romaine, déjà digne d'être un jour le premier asyle des sciences exilées, l'Italie accueille avec transport des lois qui lui rappèlent de glorieux souvenirs, et semblent effacer de ses annales les traces d'une longue servitude. Plus tard elles pénètrent en France, et dans les provinces où le voisinage de l'Italie les a d'abord introduites, c'est à la raison même qu'on croit obéir en les observant. Leur autorité envahit plus lentement, dans le reste du Royaume, celle que de vieilles traditions conservaient encore aux coutumes ; mais elles suppléaient trop éloquemment à leurs nombreuses lacunes, pour n'être pas souvent invoquées. Enseignées publiquement, le besoin d'y avoir recours fait ensuite naître celui d'en applanir les difficultés; de là les Commentaires célèbres des *Alciat*, des *Bartole* et des *Cujas*. Une étude profonde de l'antiquité, et surtout la connaissance de l'histoire, si essentielle pour l'intelligence du droit, tels furent les guides des jurisconsultes modernes dans le dédale où la plus coupable négligence avait dispersé les trésors de la sagesse. Ils faisaient beaucoup, sans doute, pour l'instruction des générations futures, en leur transmettant les produits de leurs recherches; mais le fil qui les avait conduits se perdait avec eux, et quels efforts étaient nécessaires à leurs successeurs pour le retrouver !

Il fallait qu'un homme se rencontrât, réunissant au courage qui entreprend la persévérance qui achève, passionné pour les progrès de la science, assez désintéressé enfin pour préférer à l'honneur de nouvelles découvertes le modeste avantage de les préparer. Ne le cherchons point cet homme rare dans ces tems déjà loin de nous où l'austère érudition recevait un culte exclusif et bannissait les muses dédaignées; son nom n'est point inscrit parmi les nombreux commentateurs dont se glorifie la savante Allemagne. C'est en France, c'est au milieu de ce dix-huitième siècle, époque brillante des conquêtes de l'imagination, où des plumes élégantes sacrifiaient à l'envi aux grâces, et propageaient l'enthousiasme des lettres, qu'apparaît le digne émule de tous les jurisconsultes du moyen âge.

Il marche fidèlement sur leurs traces, tandis qu'autour de lui des esprits hardis, et trop hardis peut-être, se frayaient des routes nouvelles, et inspiraient une audace contagieuse. Supérieur à tant de séductions, consacrant à des études graves, difficiles et tombées presque en déchéance, le jugement le plus solide et la perspicacité la plus vive : tel fut Pothier. Magistrat à un âge dont l'effervescence est ennemie d'une constante application, il sut en dompter la fougue. Pénétré des devoirs qu'impose cette profession, le premier fut pour lui d'apprendre à les connaître et à les pratiquer. Quel exemple pour la jeunesse studieuse quand elle le voit se donner tout entier à l'examen des lois dont la justice a remis le sceptre entre ses mains ! C'est peu de les méditer dans le silence de la retraite, elles sont l'objet de ses pensées jusques dans les instans où l'esprit fatigué se délasse dans l'épanchement d'un entretien familier. Aussi, lorsqu'après avoir parcouru le cercle des coutumes et atteint leurs limites trop bornées, il eut vu s'ouvrir devant lui la vaste carrière du Droit Romain, ses premiers regards y découvrirent tout-à-coup la conception d'un immortel ouvrage.

Quel homme, admirateur fervent des beaux arts, en contemplant les débris imposans d'un édifice dont les fastes de l'antiquité lui vantent la splendeur passée, n'a pas senti son ame brisée de douleur par le spectacle de ces vivans outrages du tems et des barbares ? Quelle couronne son enthousiasme décernerait à l'architecte dont la main savante rassemblerait ces restes épars, retrouverait au sein de leur désordre même le secret de l'harmonie qui présida à leur disposition primitive, et releverait ainsi un chef-d'œuvre dont le génie a pleuré la destruction ! Historiens et juriconsultes de tous les peuples éclairés, tels étaient vos amers regrets à l'aspect de la collection des *Pandectes*. Que de fois n'avez-vous pas gémi sur l'infidélité de leur texte corrompu par la mauvaise foi ou défiguré par l'ignorance ? Avec quelle juste énergie vous accusiez le désordre qui avait jeté une foule de décisions au milieu de titres étrangers à leur lettre et à leur esprit, et ces anachronismes révoltans et ces fréquentes antinomies, éternel désespoir des élèves et sujet intarissable de disputes parmi les maîtres. Que de fois aussi vos vœux n'ont-ils pas appelé le réformateur de tant d'abus ! Organes envers lui de la gratitude universelle, vous vous seriez empressé d'en transmettre les témoignages à vos descendans : c'est à nous d'offrir cet hommage, puisque nous jouissons du bienfait que vous avez vainement désiré. Oui, les maux que vous signaliez ont été réparés :

une patience infatigable a porté la lumière au milieu des ténèbres et rétabli l'ordre à la place d'un cahos qui n'est plus, ou s'il subsiste encore à côté du monument qui lui a succédé, c'est pour que l'œil étonné puisse comparer et choisir.

C'eût été trop peu pour Pothier que le rétablissement déjà si difficile de la classification du *Digeste*. Chaque titre dont il a respecté le rang dans l'ouvrage primitif, est devenu sous sa plume un traité complet de la matière qu'il contient. C'est là aussi que des divisions méthodiques et des transitions habilement ménagées répandent la clarté et facilitent l'intelligence. Il savait que les lois portent l'empreinte des tems où elles furent créées, du caractère de leurs auteurs, des sentimens dont ils furent animés. Aussi va-t-il s'initier à ces connaissances dans l'histoire des jurisconsultes dont Tribonien a conservé les opinions. Ah ! si la complaisance servile de ce favori d'un despote n'eût condamné à l'oubli leurs noms trop républicains, comme le vertueux Pothier aurait aimé à interroger la sagesse austère des Scévola, des Sulpicius et des Caton ! Il a pu du moins se dédommager d'une telle privation avec l'illustre Papinien : il a pu, engagé par l'examen plus fréquent de ses sentences, chercher dans la vie irréprochable et dans la mort héroïque de cet autre Thraséas, la meilleure garantie de la pureté de ses principes et de son indépendant amour de la vérité. Pothier ne se montre pas moins familier avec les interprètes modernes ; mais ce n'est pas ce commentaire aussi profond que solide, résultat du rapprochement et de la discussion de leurs avis qu'il faut le plus admirer ici : c'est plutôt la modération dans une critique nécessaire, la générosité avec laquelle leur successeur rend hommage à leurs lumières, la franchise ingénue avec laquelle il avoue s'en emparer. Scrupuleuse enfin jusqu'à la conscience, son immense érudition a tout consulté, tout vérifié, a reproduit tout ce qui méritait de l'être : elle n'a pas laissé désormais une seule excuse à la paresse, pas un prétexte à l'erreur.

Si les créations du génie, si les fictions aimables de l'imagination étaient les seuls titres aux palmes littéraires, combien peu d'écrivains auraient droit d'y prétendre! Aussi le goût en a-t-il réservé quelques-unes à ceux qui n'ont pas craint de puiser à des sources connues et dont le talent a su donner un air de jeunesse à des sujets surannés. *Imiter ainsi, c'est créer :* tel a été leur éloge. Pothier n'a rien inventé, si l'acception rigoureuse de ce mot caractérise exclusivement la découverte d'un objet encore inaperçu : si jamais, cependant, l'opinion de quelques esprits frivoles qui ont cru rabaisser le mérite du compilateur en le représentant comme stérile et facile à acquérir, avait pu faire des prosélytes, c'est à l'auteur des Pandectes qu'il serait réservé de les détromper. Pour louer assez son ouvrage, il suffirait de dire peut-être que jusqu'à lui tous le désiraient et que personne n'avait osé l'entreprendre, ou qu'une tentative isolée et infructueuse avait même produit le découragement ; mais le soin de sa gloire veut ici davantage. Non, ce n'est point une compilation que l'exécution sur un plan tout à fait nouveau de ce répertoire d'une jurisprudence de près de dix siècles, devenu classique lorsqu'il sortit des mains de Pothier, jusques-là plus propre à éloigner le goût du travail qu'à l'inspirer. Qu'entourés de toutes les lumières, aidés des plus puissans secours, dix-sept jurisconsultes choisis dans tout l'orient et dirigés par Tribonien, aient annoncé qu'ils avaient extrait le Digeste de deux mille traités et de trois millions de sentences ; que le prince qui les avait appelés ait adressé au sénat et aux provinces de l'empire, comme ses éternels oracles, des lois qui ne furent pas même immuables sous son règne, ces révélations puériles, ce faste imposteur n'ont fait que donner à la postérité le droit d'être plus sévère dans l'examen d'un pareil ouvrage : et s'il est loin de répondre à tout ce qu'il annonçait, si les mines fécondes qui s'offraient à ses auteurs ont été mal exploitées par eux, quelles censures le juge le plus indulgent pourra-t-il leur épargner ? Mais qu'à une époque séparée de celle où ils vécurent par un intervalle immense, lorsque tant de précieuses ressources étaient à jamais perdues, un seul homme à qui la fortune ni le pouvoir n'offraient pas leur flatteur dédommagement, ose recommencer ce que plusieurs autres ont laissé imparfait ; que malgré les obstacles qui semblaient taxer ses efforts de témérité, le prix qu'il en obtient soit d'atteindre au but loin duquel sont restés tous ses prédécesseurs, n'est-ce pas à lui qu'il faut attribuer la plus grande part du mérite, et la gloire du réformateur ne balance-t-elle pas au moins celle de l'inventeur lui-même ? Le service éminent rendu par le premier à l'éducation, en mettant à la portée de la jeunesse un livre qui exigeait auparavant l'expérience et la sagacité de l'âge mûr est un avantage qu'on ne peut s'empêcher de lui reconnaître sur le second ; et, disons-le sans craindre ici le reproche d'une injuste partialité, si la célébrité du savant Bysantin ne trouvait pas grâce pour les fautes du compilateur, le nom de Pothier serait placé au temple de mémoire avant celui de Tribonien.

C'était cependant avec des droits aussi incontestables à un éclatant succès, que le modeste Pothier hésitait à faire jouir ses concitoyens du bienfait préparé par ses veilles. Ici, qu'on nous pardonne une excursion sur le domaine de l'histoire : c'est rappeler l'une des plus belles vertus de l'auteur, que de parler des destinées de son ouvrage. Notre excuse sera d'ailleurs le devoir de mêler aux élans de l'admiration les accens de la reconnaissance. Ne la devons-nous pas en effet, à ces deux hommes dont l'amitié courageuse et dépositaire éclairée des pensées de Pothier, sut par une sorte de violence, l'enhardir à les rendre publiques ? L'un, (1) digne coopérateur de ses travaux, lui en allégea le poids et partagea aussi son noble désintéressement : l'autre (2), dont la mémoire serait assez honorée par le seul mérite d'avoir apprécié celui de son collègue, s'empressa de le révéler à Daguesseau. Daguesseau !.... Ce nom révéré rappèle tous les attributs sous lesquels se peint l'image du grand magistrat : n'applaudissons maintenant qu'à ce zèle ardent pour le

---

(1.) M. *de Guienne*, avocat au Parlement de Paris.

(2) M. *Prévôt de la Janès*, conseiller au Présidial et professeur de droit à l'Université d'Orléans.

bien public qui animait sans cesse le chef suprême de la justice, qu'à cette profonde sagesse qui, veillant partout au maintien des lois, consacrait tous ses soins à en propager l'empire. Quel autre eût donc mieux présidé à une entreprise qui allait reculer ses bornes ? Qui pouvait mieux la seconder par ses propres inspirations ? C'est aux monumens qui les attestent, c'est à cette correspondance précieuse où elles sont consignées, qu'il faut recourir pour s'en pénétrer ; mais craignons en voulant prouver leur utile influence, de les affaiblir : laissons plutôt Pothier parler ici lui-même, et s'exprimer ainsi, en s'adressant à son illustre protecteur : « Né,
» pour ainsi dire, mais certainement élevé sous
» vos auspices, cet ouvrage qui s'en couvre encore
» aujourd'hui, doit à plus d'un titre s'avouer pour
» le vôtre. Vous en avez encouragé l'idée : vos
» avis ont redoublé mes efforts pour l'achever. Le
» voilà heureusement parvenu à sa fin, grâce à
» vos secours, grâce à la faveur dont vous l'avez
» entouré. » Hommage touchant, non moins honorable pour celui qui le présente que pour celui qui le reçoit, tu seras ratifié par la postérité : tu seras encore à ses yeux un éternel témoin du noble patronage des hommes puissans et éclairés, envers le génie maltraité par la fortune, ou enseveli dans l'obscurité. Ainsi le

glorieux suffrage de L'hôpital vengea autrefois Cujas méconnu et persécuté des attaques de la calomnie : ainsi, le plus digne successeur du vertueux chancelier tendit à Domat une main tutélaire et encouragea la modestie trop défiante du restaurateur des Pandectes.

L'exemple d'une vie consacrée toute entière à la recherche de la vérité, la route tracée dans le champ des découvertes ne sont pas les seuls avantages qu'un savant lègue à ceux qui viennent après lui. L'homme judicieux s'instruit là où le vulgaire ignorant ne sait que s'étonner. Il ne reste pas, comme le dernier, dans une muette extase devant l'immensité de la carrière que le génie a parcourue : il y suit ses pas, y mesure ses progrès et puise dans ces méditations les moyens de toucher au même but. Ces grandes leçons, Pothier nous les a transmises dans l'enchaînement de ses travaux. Gardons-nous donc d'envisager avec indifférence le plan sur lequel ils furent conçus : ne regardons pas comme étranger à notre sujet de rechercher les causes de l'alliance du Droit Romain avec le Droit Français, alliance consacrée par l'autorité de notre illustre Jurisconsulte et par l'ordre qu'il établit dans leur étude successive.

Ce ne fut point par un effet de l'enthousiasme qui transporte quelquefois les hommes lorsqu'une

lumière soudaine brille à leurs yeux, que le Droit Romain se fondit presque entièrement dans nos propres institutions. Les changemens qu'elles subirent par son introduction furent, au contraire, le lent ouvrage de la maturité des esprits et des événemens. S'il avait, en effet, répugné aux Gaulois dont les belliqueux ancêtres avaient mis à rançon le Capitole et qui combattirent eux-mêmes si long-tems pour leur liberté, de se soumettre aux lois du vainqueur, étaient-ils plus disposés à les adopter ces Francs, nouveaux conquérans des contrées asservies autrefois par César et dont le caractère indompté pouvait à peine plier sous le joug de la loi Salique ? Il fallut que le christianisme, cette religion sublime dont le premier ouvrage est d'adoucir les mœurs, anéantît par sa bienfaisante influence ce code de compositions odieuses où un peu d'or était le prix du sang et le privilége de l'impunité. Alors un besoin impérieux d'équité prépara l'empire des coutumes. Mais, confiées seulement à la mémoire, créées au gré du caprice et mobiles comme lui, elles restaient entachées de tous les vices de leur origine ; et lorsque les nombreuses provinces qu'elles régissaient si diversement ne formèrent plus qu'un seul Etat, elles parurent impuissantes pour le gouvernement d'un grand royaume. Quoi de plus bizarre que le spectacle de plusieurs individus enfans d'une même patrie et sujets du même prince, obéissant à des coutumes ennemies ? Si un conflit d'intérêts s'élevait parmi eux, l'intervention d'un arbitre n'était-elle pas indispensable pour concilier des prétentions qui pouvaient l'une et l'autre s'appuyer avec fondement sur des textes également favorables ? Seul, le Droit Romain était capable d'être cet arbitre. Au sein de l'Université de Paris, de cette Académie fameuse dont le monde savant accueillait les décisions comme des oracles, long-tems ce Droit n'eut point d'interprète, et cependant son étude triomphant de cet oubli s'était partout propagée et l'opinion publique regardait déjà son application comme le meilleur témoignage de la pureté des doctrines et de la sagesse des jugemens. Là, le publiciste venait s'initier à la connaissance des garanties qui, puisées dans la nature même, président aux relations mutuelles des peuples; résultat de l'expérience de l'antiquité toute entière, là aussi, le magistrat et l'orateur voué au barreau ne cherchaient jamais en vain à éclairer leur esprit, à guider leur conscience; code de la famille, chacun enfin pouvait y lire ses devoirs, comme fils, comme époux et comme père. Tant d'avantages auraient dû, sans doute, amener une substitution plus rapide du droit écrit au droit coutumier; n'accusons pourtant point nos aïeux d'une injuste prédilection à l'égard du dernier. Pour des hommes aussi pénétrés d'un saint respect envers les lois qu'ils tenaient de leurs pères, l'utilité des innovations n'en balançait pas assez l'inconvénient. Cet attachement aux anciens usages régnait surtout dans les grands corps judiciaires fiers de veiller à leur conservation, et qui partageant le pouvoir du législateur, ne lui permettaient qu'une marche lente et circonspecte dans la voie des réformes. Les jurisconsultes ne furent point arrêtés par de telles entraves. Exempts de ces préjugés d'état, n'obéissant à d'autre voix qu'à celle de la justice, quelque part qu'elle se fît entendre à eux, ils ne regardèrent point comme des usurpations les conquêtes qu'ils faisaient partout pour agrandir son domaine et ne crurent pas se rendre coupables d'une sacrilége ambition en enrichissant, comme malgré elle, la législation indigente de leur pays. Leurs ouvrages n'étaient-ils pas d'ailleurs un trophée élevé à sa gloire, puisqu'ils devaient contribuer à le placer un jour à la tête de la civilisation Européenne? Ainsi pensèrent Dumoulin et Domat. L'un, que l'université d'Orléans s'enorgueillit d'avoir eu aussi pour disciple, dont l'ame ardente et passionnée ne connut jamais d'obstacles et qui justifia sa hardiesse par sa profonde érudition, transporta le premier, dans nos codes, les lumières du Droit Romain : l'autre, après y avoir choisi avec le plus judicieux discernement les maximes de l'éternelle justice, put, avec confiance, les présenter comme des guides infaillibles, lorsqu'elles lui eurent servi à tracer le plan général de la société civile le mieux fait et le plus achevé qui ait jamais paru. Héritier de l'esprit qui dirigea ses deux prédécesseurs, Pothier se présente pour terminer ce qu'ils avaient si heureusement commencé ; mais tandis que leurs recherches avaient eu pour unique objet l'utilité spéciale de leur patrie, et qu'ils s'étaient arrêtés dans des limites restreintes à ce qu'elle exigeait, c'est pour toutes les nations policées et sur le cadre le plus étendu que Pothier a travaillé. Aussi, quand ses concitoyens accueillaient ses présens avec une indifférence qu'il faudrait déplorer, si tous l'avaient partagée, les étrangers le vengeaient par leur empressement à s'emparer d'un trésor qu'ils avaient su apprécier. Cependant, l'auteur des *Pandectes*, incapable du découragement qui n'appartient qu'à la médiocrité trompée dans ses ambitieux calculs, poursuit sa tâche en mettant la denière main au corps du Droit Français, et ses nouveaux écrits sur cette matière deviendront la source à laquelle les générations futures viendront puiser leurs lois.

Parvenu à une hauteur qui lui permet d'embrasser dans leur ensemble les deux législations, il va s'occuper d'appliquer aux besoins de la nouvelle les ressources de l'ancienne. Planant au-dessus des lois romaines, qui désormais lui sont si familières, il cherche parmi ces principes de raison universelle sur lesquels repose le système des sociétés, ceux qui promettent à ses idées un plus utile développement. Il s'arrête enfin aux élémens des obligations en général, et ce choix n'est pas moins d'un profond moraliste que d'un habile jurisconsulte. Oui : si la philosophie portait son flambeau dans l'étude des lois, si recourant au témoignage de l'histoire, elle voulait fortifier le précepte par l'exemple, les contrats seraient le texte sur lequel on la verrait se fixer; c'est là qu'elle puiserait ces instructions que dans la pureté de sa mission elle ne prodigue à l'homme que pour le rendre meilleur. Consultons les annales du monde; partout le lien des conventions est regardé comme sacré. Chez les anciens, une ingénieuse allégorie met la bonne foi au nombre des divinités de l'âge d'or; parmi les modernes, la violation de la parole entraîne après elle la flétrissure du déshonneur. Admirable instinct que celui de la bonne foi ! Il se fait entendre au sauvage, et l'homme civilisé rougirait qu'on l'appelât en lui une vertu. N'est-ce pas elle encore qui préside aux échanges entre ces êtres inconnus l'un à l'autre que le commerce a rapprochés des extrémités du globe ? Si deux peuples long-tems en guerre ont enfin déposé les armes, qui a pu mettre un terme à leurs fureurs et leur apporter les consolations de la paix ? La bonne foi, sauve-garde des traités et qui soulève l'indignation générale contre le parjure et la trahison. Dans l'état civilisé, ses bienfaits ne sont pas moins étendus ; elle assure le repos public et veille à la sécurité de l'homme privé dans tout ce qui intéresse sa fortune et ses affections. Voulez-vous juger de la prospérité d'une nation, de la durée de sa puissance, ne vous informez ni de la fertilité du pays qu'elle habite, ni du courage de ses défenseurs, mais de son respect pour la religion du contrat. Et dans quelle contrée son culte fut-il jamais plus fervent qu'au milieu de cette France éternelle patrie de la loyauté et de l'honneur ? quels hommes étaient plus dignes que ses enfans d'écouter le langage, de pratiquer dans la vie civile les devoirs recommandés par ces nobles sentimens qui environnèrent leur berceau ? C'est parmi eux que la bonne foi avait retrouvé ses autels : c'est à eux aussi que devait s'adresser le plus digne organe de ses préceptes. Soyons donc heureux et fiers à la fois de voir la science inspirée dans Pothier par des vertus toutes françaises, et que son nom illustre chez les étrangers, nous en devienne plus cher, à nous qui pouvons avec un juste orgueil nous dire ses concitoyens!

Le *Traité des Obligations*, préliminaire indispensable pour l'intelligence de ceux qui devaient le suivre, est comme le premier plan d'un grand tableau destiné à reproduire plusieurs actions liées à un même sujet; l'œil n'y apercevrait que des masses confuses et disparates, si le peintre n'avait d'abord fixé l'attention du spectateur sur une scène principale à laquelle se rattachent toutes les autres, et qui en donne ainsi l'explication. Autour des règles fondamentales qui servent de base à toutes les transactions, viennent se grouper graduellement les conséquences créées par la multitude et la spécialité des cas. C'est là surtout que Pothier évitant l'écueil où viennent échouer la plupart des commentateurs, remplace le vain étalage des citations par la méthode et la justesse de ses propres réflexions. Il ne prétend point, esprit ambitieux, élever de nouveaux systèmes, ni attaquer le bon sens avec l'arme du paradoxe. On ne le voit pas non plus proscrire des usages sanctionnés par le tems, pour y substituer d'impraticables théories. Quelque soit sa vénération pour le Droit Romain, il ne craint pas d'en combattre quelquefois l'autorité. C'est ainsi qu'il rejète des distinctions enfantées par une subtilité captieuse et que la corruption y introduisit, comme ces ornemens parasites que prodigue un goût dépravé dans la décadence de l'art. Il aime à leur opposer ces définitions rigoureuses et précises, pures et franches comme la nature qui, la première, les avait dictées. Mais après avoir indiqué les nuances qui distinguent nos lois des lois romaines, avec quelle sagacité il interprète celles-là à l'aide des lumineuses décisions que présente en foule le Digeste sur la matière des contrats! S'il compare entre elles les différentes coutumes, aucun sentiment de préférence ne se fait sentir dans ses jugemens, et dans cette confrontation continuelle de législations et d'auteurs, de lieux et d'époques, c'est dans la balance de l'impartialité qu'il pèse tous les avis. Où trouver plus de profondeur et de clarté réunies dans une discussion si abstraite? où rencontrer surtout une doctrine plus irréprochable? Ah! sans doute, elle répondait à la pureté de son ame, et pour qui la cherchait avec tant de candeur la vérité devait se montrer sans voile.

Voilà les titres du savant; écoutons maintenant les leçons du sage. Après avoir parlé à l'esprit, c'est au cœur qu'il va s'adresser: au cœur humain qu'il sait être livré aux éternels combats de deux puissans rivaux, l'intérêt et le devoir;

l'intérêt, dont la voix conseille trop souvent l'injustice et l'oppression; le devoir, qui ne suggère jamais que de nobles sentimens et de généreux sacrifices. Pour soumettre l'homme au joug de l'équité, Pothier n'a eu besoin que de la persuasion tirée des raisonnemens du droit; mais lorsqu'il veut l'instruire à prendre constamment la morale pour arbitre de ses actions, ce n'est plus au tribunal de la raison, c'est à celui de la conscience qu'il l'appèle et semble lui dire : « La société t'a fait citoyen, mais la nature, avant elle, te plaça au milieu d'une grande famille où tu ne dois voir que des frères. Souviens-toi de ce nom et des obligations qu'il t'impose : si tu l'oubliais pour les traiter en étrangers, en ennemis peut-être, apprends qu'ils te reste encore des devoirs à remplir envers eux et des peines à redouter pour toi-même. La loi n'a pu étendre à tous les cas sa prévoyance, mettre partout un frein à la cupidité, ni garantir toujours la bonne-foi des piéges de la fraude; mais l'existence d'un juge plus infaillible qu'elle la console de l'imperfection de ses décrets. C'est ce juge que tu portes dans ton sein et dont la sévérité ne te pardonnera pas le plus léger détour ni le moindre artifice. Dépositaire infidèle ou débiteur parjure, tu pourras bien obtenir un odieux succès et tromper la justice de tes semblables; mais que te sert d'être absous par elle, si une voix intérieure s'élève et te fait entendre ta condamnation ! Laisse à ces êtres qui ne savent plus rougir, l'art méprisable d'éluder leur promesse par des restrictions perfides et une honteuse duplicité ; forcé d'attaquer ou réduit à te défendre, avant de consulter la loi, interroge ta conscience : c'est à ses yeux d'abord que ta cause doit triompher ». Préceptes sublimes qui, développés dans chacun des Traités sur les contrats, ont établi cette distinction célèbre du for extérieur et du for intérieur, et fait de Pothier le fondateur d'une nouvelle école. Jamais tâche plus délicate n'avait exercé le talent d'un jurisconsulte. Soumettre à l'analyse les opérations de ce sens intime qui semble en nous une émanation de la divinité, lui tracer des règles, lorsque sa fière indépendance paraît s'élever au-dessus de toutes était l'entreprise dans laquelle un métaphysicien habitué à pénétrer dans les replis les plus cachés de l'esprit humain et livré exclusivement à ces hautes spéculations, pouvait à peine espérer de réussir. Combien peu même se sont montrés au niveau de leur sujet ! L'un, casuiste commode, n'a pas craint, dans sa large indulgence, d'enseigner des transactions avec les passions, des capitulations avec la conscience. L'autre, philosophe chagrin, sème l'épouvante et le découragement par ses continuels anathèmes. Pothier marche heureusement entre les deux excès ; ferme sans rigueur, tolérant sans faiblesse, il n'a pas voulu d'ailleurs transporter dans la jurisprudence les déclamations de l'école. Appliquant à cet art les dogmes d'une morale douce et facile à suivre, il offre à ceux qu'il s'est proposé d'éclairer la doctrine la plus consolante : c'est qu'une probité scrupuleuse n'exclut point pour eux la défense zélée de leurs droits et que l'intérêt peut, sous les auspices de la vertu, se concilier avec le devoir. Ministres d'une religion qui a placé ses enfans sous la sauve-garde d'un amour et d'une inviolabilité mutuels, votre suffrage ne saurait manquer à l'auteur chrétien dont tous les écrits respirent la charité évangélique ; vous y trouverez vous-même des conseils, et votre sanction consacrera ainsi plus solennellement encore le respect dont ces écrits sont déjà environnés.

Jusqu'ici nos regards se sont arrêtés sur des ouvrages qui seuls auraient dû embrasser la vie la plus longue et la plus laborieuse, et cependant que de nombreux travaux se présentent encore à nous ! Les limites qui nous sont tracées s'opposent à de trop longs développemens; mais qu'ajouteraient-ils à l'éloge de celui dont le moindre mérite est d'avoir été constamment égal à lui-même ? Faut-il d'ailleurs s'étonner d'une fécondité qui a permis à

Pothier de parcourir toute la série des divers contrats, lorsque les commentateurs qui l'avaient précédé n'en avaient examiné que quelques-uns? Les causes de cette disproportion résident dans l'ordre admirable qu'il s'était prescrit pour ses recherches. La découverte des principes est, en effet, aux opérations de la science ce que l'invention du sujet est aux productions du génie. C'est à l'une et à l'autre que s'attachent d'abord les esprits supérieurs. Ainsi, l'auteur d'Athalie n'a besoin pour enrichir la scène d'un nouveau chef-d'œuvre, que de créer une action et des caractères : dès-lors il regarde sa tragédie comme achevée. Ainsi, l'immense tableau de l'esprit des lois se déroule devant Montesquieu aussitôt qu'il a trouvé les grands mobiles de l'homme, suivant les divers gouvernemens auxquels il obéit. Pothier, dans le *Traité des Obligations*, avait reconnu et établi les bases de tous les engagemens dans le droit positif; chacun, par une conséquence naturelle, se découvre ensuite à lui avec ses règles et ses modifications particulières et devient successivement sous sa plume l'objet d'un traité séparé. Nous sera-t-il défendu de manifester ici notre pensée toute entière à l'égard de cette belle collection? Il y a peut-être plus d'irréflexion que de justesse dans ce jugement assez communément adopté, qui, en donnant le titre de chef-d'œuvre au seul ouvrage sur les obligations, semble par là même indiquer l'infériorité de tous les autres. Quiconque voudra les comparer avec attention, ne souscrira point, nous osons le croire, à cette opinion et ne rencontrera nulle part le motif de ces regrets qui tempèrent quelquefois l'expression de la louange. Il trouvera partout un jugement toujours sain et une raison à qui la vieillesse n'a point fait sentir ses outrages. Mais, si nous remontons aux premiers essais de Pothier sur notre ancien droit, n'est-ce pas encore un chef-d'œuvre que nous découvrons? C'est à des souvenirs trop récens pour être effacés, à nous peindre la reconnaissance de ses compatriotes, lorsqu'interprête de la coutume de son pays natal, il leur offrit un livre composé presque uniquement pour eux. Ils ne croyaient pas exagérer le sentiment qui les y attachait, en donnant au commentaire une autorité pareille à celle du texte même, en les confondant dans un même tribut d'obéissance. Enfin, l'auteur des *Pandectes* n'avait pas négligé l'examen des formes qui ont sagement banni l'arbitraire de la poursuite des actions judiciaires. Son *Traité sur la Procédure* est un dernier témoignage de ce zèle qui s'étendait à toutes les branches de la science. Que la jeunesse y puise un exemple salutaire, et qu'elle apprenne d'un si grand maître à ne pas dédaigner une étude dont l'expérience a prouvé la nécessité.

Ce n'est pas dans un savant à qui la gravité de ses méditations semble interdire toute élégance dans la diction qu'il faut chercher le talent de l'écrivain. Chez Pothier, c'est la raison qui parle, et la raison n'a jamais recours aux ornemens du style. L'extrême simplicité du sien, sa négligence même n'auront donc point lieu de nous surprendre : aimons à retrouver les mêmes caractères jusques dans les espèces qu'il a créées pour l'application des principes. Serait-ce faire un rapprochement réprouvé par le goût, que de dire que ces exemples empruntés aux actes les plus ordinaires de la vie, dénués de toute prétention et dont l'unique but est de graver, par une image sensible, le précepte dans la mémoire, rappellent presque le naïf langage de l'apologue ?

Notre faible voix ne s'est point élevée la première pour exprimer sur les ouvrages de Pothier une admiration motivée ; d'autres l'ont fait entendre avant nous, et quelques-unes même furent inspirées par l'amitié. Cet hommage des contemporains est loin toutefois d'avoir desbérité leurs descendans du droit de le renouveller. Notre tâche, d'ailleurs, s'est agrandie où celle de nos précurseurs s'était trouvée terminée. C'est que le nom du grand homme objet de nos éloges, n'a point, comme tant d'autres, reçu son illustration d'un enthousiasme aveugle et éphémère. Le tems, loin de lui porter atteinte, n'a fait que cimenter sa gloire, et c'est à ce maître suprême des réputations que la sienne doit encore le plus magnifique de tous ses titres. Ouvrons ce code où notre droit civil présente enfin l'ensemble si long-temps désiré d'une législation uniforme. Quelle route ont suivie ses auteurs, si ce n'est celle que Pothier avait ouverte? Quel autre leur révéla le secret de réunir en faisceau des institutions éparses et de respecter les sources étrangères d'où elles émanaient, sans altérer leur caractère national? Où pouvaient-ils, enfin, trouver un plus parfait modèle dans l'art de conserver à la loi un langage concis sans obscurité et simple avec dignité? Mais ce n'est pas assez, et après avoir imité dans leur plan celui qui avait su introduire l'harmonie dans une des parties les plus importantes du Droit, ils ont emprunté jusqu'à ses paroles. Voilà donc ce qui n'était que l'interprétation de la loi devenu la loi même et le Jurisconsulte revêtu de l'autorité du Législateur. Quels tributs de l'éloquence vaudraient jamais cet immortel honneur? On couvre des trophées conquis par leur valeur la tombe des guerriers fameux : celle des poëtes et des orateurs célèbres est ombragée des palmes qu'ils recueillirent; mais quand le torrent des âges a fait disparaître jusqu'aux traces des lieux où reposaient leurs cendres, la voix de l'histoire redit seule leurs triomphes. Cessons donc de désirer pour les restes de Pothier, ces restes dérobés par l'impiété à notre vénération, un monument digne de la consacrer. La France lui élève le plus impérissable de tous dans ce code où elle a déposé les preuves un peu tardives mais éclatantes de sa reconnaissance : un si beau titre sera transmis aux siècles les plus reculés, et leur révélera le secret de l'émulation généreuse qui enflammait tous les cœurs, dans une patrie qui savait ainsi récompenser les services de ses citoyens.

SECONDE PARTIE.

La Providence, en accordant quelques grands hommes à la terre, n'a pas borné ce bienfait aux lumières qu'ils répandent dans les sciences et dans les lettres; ses vues profondes ne pouvaient s'arrêter à ces résultats plus brillans que solides; mais si, pour signaler les dangers de l'orgueil, elle a souffert l'usage pernicieux de ses dons dans quelques êtres qu'elle en avait comblés, elle nous montre aussi chez d'autres, l'alliance des qualités de l'esprit et du cœur, et nous console des excès du talent prostitué à l'immoralité par le touchant spectacle du génie appuyé sur la vertu.

Une vie semée d'orages et d'infortunes, la lutte des passions avec le mérite peuvent, un instant, piquer la curiosité : bientôt cet attrait passager s'évanouit devant les regrets qu'excite un pareil contraste. On aime tant à voir de généreuses pensées garanties par les mœurs de celui qui les exprima et la sagesse de son langage justifiée par ses actions ! Telles sont les douces impressions qu'on éprouve à l'aspect de la carrière que Pothier a parcourue : elle fut calme et exempte des traverses qui font souvent payer bien cher la célébrité ; mais cette continuelle tranquillité n'a rien de monotone : heureux fruit de la sérénité d'âme, c'est l'uniformité que présente la nature dans une belle contrée, où sous un ciel toujours pur, elle déploye paisiblement toutes les richesses de ses harmonies. Pothier nous promet les mêmes images, et après avoir entendu le Législateur de la conscience, nous allons le voir maintenant, observateur fidèle de ses propres décrets, nous instruire à les pratiquer.

L'éducation la plus chrétienne avait dirigé ses premiers vœux vers l'état ecclésiastique et l'on sait que sa piété filiale, en le détournant de cette résolution, fut seule capable de balancer dans son cœur les élans de la piété religieuse. Une force secrète et irrésistible l'entraînait néanmoins vers une profession qui fut elle-même une sorte de sacerdoce : il y obéit par le choix de celle qu'il embrassa. Quel autre nom donner, en effet, à ces fonctions par lesquelles l'homme semble exercer un droit tout divin, celui de juger ses semblables ? à ces fonctions, le plus bel attribut de la souveraine puissance, et que les rois ne déléguaient point aux sujets, lorsque l'amour, la reconnaissance et une fidélité inaltérable leur décernaient le titre touchant de pasteurs des peuples. Tout ce que la sévère opinion demande de prudence et d'austérité aux ministres de la religion, ne l'exige-t-elle pas aussi des ministres de la justice appelés à prononcer sur la fortune, la liberté, l'honneur et la vie de leurs concitoyens ? Sous l'empire de la législation primitive, lorsque le bon sens et la droiture suffisaient au magistrat, le respect pour l'âge et la foi dans l'expérience érigeaient à la vieillesse un tribunal volontaire ; si la nécessité de confier dans la suite à de plus jeunes mains l'application des lois avait besoin d'une excuse, on la trouverait dans Pothier. Déjà, et avant qu'il fût entré dans leur temple, des voix éloquentes y avaient déploré l'oubli des bienséances et la décadence des vertus antiques. Elles s'étaient élevées contre les ambitieux qui regardaient comme la voie des richesses et des honneurs, une carrière qui commande la modération et le désintéressement. Elles blâmaient avec la même énergie ceux qui, plus coupables encore, n'avaient cherché, en briguant leurs places, qu'à entourer de considération une fortune et un nom dont ils étaient également indignes : membres inutiles de la grande famille et qui n'apportaient au corps illustre dans le sein duquel ils furent admis qu'une molle oisiveté et la plus honteuse ignorance. Que n'étaient-ils, ces rigides censeurs, témoins de la conduite si différente de Pothier? Que ne purent-ils citer pour modèle ce jeune magistrat qui n'aspira, en acceptant son emploi, qu'à payer à son prince et à sa patrie la dette que tout citoyen contracte en naissant envers eux ! Il aurait pu prétendre à de hautes dignités, et content de celle que lui transmit son père, elle fut jusqu'à sa mort le terme de son ambition. Dire qu'aucune séduction ne trouva jamais le chemin de son cœur, qu'inaccessible à la crainte, étranger à la faiblesse, la haine et la faveur rencontrèrent également en lui un ennemi toujours vigilant, ce serait vanter comme des vertus ce qu'il regardait comme les plus faciles des devoirs, et la louange ici serait presque une injure. Pour mieux saisir les traits dsitinctifs de son caractère, suivons-le dans ces momens où il venait prendre part aux travaux de ses collègues. Quelles dûrent être leur surprise et leur joie de le posséder, lorsque par une hardiesse que le succès s'empressa de justifier, il usa du droit de proposer son opinion avant que l'âge lui eût conféré cette autorité qui permettait de la compter! Cependant cette maturité précoce dont la vanité est si souvent l'écueil n'éveilla point en lui un défaut qu'il ignorait. Jamais homme ne fut mieux fondé à s'en rapporter à lui-même, et jamais déférence au sentiment d'autrui, lorsqu'il le croyait fondé, ne fut plus soumise et plus sincère que la sienne. Le tems ne la vit point se démentir et la docilité de sa jeunesse envers les respectables vétérans de sa compagnie devint, quand à son tour il eut blanchi dans un long exercice, une touchante bienveillance pour ceux qui venaient y débuter. Mais quand elle n'eût pas été l'expression naturelle de son cœur, l'aurait-il refusée à ses nouveaux coopérateurs? Il retrouvait dans chacun d'eux un ancien disciple, un admirateur, un ami; il pouvait, en les écoutant, reconnaître le fruit de ses leçons : heureux eux-mêmes d'être à portée de les recevoir encore, et d'en faire avec lui la sérieuse application! Quelquefois, (et pourquoi dissimuler une sorte d'imperfection qui révèle la franchise de son ame?) l'érudition du jurisconsulte faisait violence dans Pothier à l'impassibilité du magistrat : ses gestes et sa voix trahissaient alors prématurément son opinion. Une conception rapide lui avait bientôt indiqué le nœud de la difficulté ; la connaître et la résoudre étaient pour sa raison supérieure une même opération. Qui oserait le blâmer encore, lorsqu'économe du tems dont nul ne connut mieux tout le prix, et souffrant comme les parties elles-mêmes de la longueur des délais judiciaires, il interdisait à leurs défenseurs d'inutiles développemens, ou rappelait aux vrais principes ceux qui écoutant plus leur zèle que leur conscience, s'en étaient écartés ? Mais cette vivacité dans le jugement des procès civils faisait place au calme d'un religieux recueillement dans l'examen des procès criminels. L'homme alors disparaissait tout entier : le juge seul restait. Il est toutefois une faiblesse inséparable de la nature du premier et dont le second ne put jamais obtenir le sacrifice ; une faiblesse !...... Ah ! nommons-la plutôt une vertu cette sensibilité que révoltait l'aspect de la torture et qui n'en pouvait supporter l'affreux appareil. On a dit, et sans preuves, qu'il fallait attribuer cette répugnance à la délicatesse purement physique de ses organes. Pourquoi n'en pas faire honneur, au contraire, au sentiment de l'inutilité d'une mesure aussi cruelle ? Est-il invraisemblable qu'un magistrat habitué à méditer avec autant d'impartialité que de profondeur sur tout ce qui tenait à l'administration de la justice regardât les cris arrachés par la douleur comme des accens bien suspects de la vérité, et que ses vœux secrets pour l'abolition de ce supplice aient ainsi devancé le premier bienfait du meilleur comme du plus infortuné des rois ?

Voilà les exemples de modestie, de candeur, d'amour de son état et d'humanité que Pothier a laissés à ses successeurs. Ah ! parmi ceux que l'estime publique a proclamés dignes de l'imiter elle distinguera sans doute les magistrats qui viennent s'asseoir dans l'enceinte révérée où naguères il siégea lui-même. Non, l'héritage qu'ils sont appelés les premiers à recueillir ne sera point abandonné par eux ; dans l'ardeur de leur zèle à le cultiver, ils croiront que l'ombre de leur illustre devancier vient présider encore à leurs délibérations et répandre dans leurs arrêts les lumières de sa sagesse : comme ce peuple de l'antiquité, qui en marchant au combat, laissait vide au milieu de ses bataillons la place qu'y occupait autrefois le plus brave de ses généraux, persuadé que son invisible présence était toujours pour leurs armes le gage assuré de la victoire.

Il était dans la destinée de Pothier de ne pas avoir une seule pensée, de ne pas laisser un seul jour s'écouler qu'ils ne fussent consacrés au bien général. Il faut le contempler sur un autre théâtre moins brillant dans la hiérarchie sociale, mais où ses connaissances mieux développées et ses travaux plus utiles encore, ont contribué davantage à immortaliser sa mémoire Celui qui dès ses premiers pas dans l'étude du Droit avait été son propre maître, qui par une méthode que son avidité pour l'instruction avait pu seule lui inspirer, composait un traité sur chaque matière à mesure qu'elle devenait l'objet de son application, qui joignait enfin à la théorie du Jurisconsulte la pratique du Magistrat, celui-là devait être le meilleur des professeurs dans la science des lois ; par le plus heureux accord de la vocation et du talent, l'unique passion qui ait jamais altéré la modération de ses desirs fut précisément celle de l'enseignement : aussi reçut-il comme un bienfait le titre qui lui permit de s'y livrer. Passerons-nous ici sous silence le trait de générosité qui signala son entrée dans cette nouvelle carrière ? Le plaisir de le rappeler nous fait présager celui qu'on éprouvera à l'entendre et nous absout d'avance de tout reproche. La récompense qui était venue chercher son mérite avait été espérée par un autre (1) et l'estime publique l'aurait déférée à ce dernier s'il n'avait pas eu un aussi redoutable concurrent. Pothier le savait et sa délicatesse lui persuada qu'il devait à son émule un dédommagement de son propre avantage. Il lui proposa le partage des produits de l'emploi objet de leurs vœux mutuels : à la gloire de tous deux, le cœur auquel il s'adressa était fait pour répondre au sien, et la noblesse de l'offre ne put être égalée que par celle du refus. Là ne finit point cette liaison contractée sous d'aussi touchans auspices : Pothier vit dans la suite s'asseoir à ses côtés l'homme distingué qu'il avait jugé digne de lui être préféré et l'amitié resserra entre-eux des nœuds formés par l'estime. Devions-nous la taire cette amitié que la mort n'étaignit point, en voyant le collègue de Pothier ne se consoler de la douleur de lui survivre que par les soins qu'il consacra à la publication des œuvres posthumes de son illustre collaborateur et à la réimpression des autres ? Pouvions-nous, surtout, refuser ce sou-

---

(1) M. *Guyot*, docteur aggrégé, et depuis professeur de droit à l'Université d'Orléans.

venir au savant éditeur, lorsque son nom nous était rappelé par celui de son petit-fils (1) que des titres héréditaires et personnels ont placé dans le sein de la société qui nous admet à l'honneur de combattre devant elle ?

Mais quel attrait inconnu avait donc séduit Pothier dans un ministère que la plupart regardent comme un insupportable fardeau ? Quel sentiment impérieux l'obligeait ainsi au sacrifice de ses loisirs ? Cet attrait, le courage de ce sacrifice, n'en cherchons pas l'explication ailleurs que dans sa qualité dominante : la bonté. Il chérissait la jeunesse, et bien qu'il n'eût jamais paru souhaiter le nom de père, il connaissait les devoirs de ceux qui ont le bonheur de l'être et ressentait comme eux ce tendre intérêt qui les attache aux progrès de leurs enfans. C'est pour ces derniers que l'auteur des *Pandectes*, de la hauteur à laquelle il était parvenu consent à redescendre aux premiers élémens, à soumettre ses forces à leur faiblesse, et ce sont là ses moindres efforts pour l'avantage de ses auditeurs. Il n'imite point ces professeurs mercenaires qui bornent leurs soins à quelques élèves plus heureusement doués que les autres

---

(1) M. *Guyot*, Imprimeur à Orléans, et Trésorier de la Société des Sciences, Arts et Lettres de cette ville.

et négligent entièrement le plus grand nombre. Tous les siens ont des droits égaux à son attention, et s'il applaudit dans quelques-uns à des succès plus rapides, il échauffe partout le zèle, il stimule la lenteur, il fortifie la timidité. Le plus puissant ressort de l'éducation publique, l'émulation, ne pouvait rester ignoré d'un tel maître ; aussi personne n'en apprécia mieux que lui toute l'énergie et n'en sut faire un plus savant usage. C'est encore dans son inépuisable désintéressemment qu'il trouve les moyens de l'exciter. Le salaire de ses travaux est consacré à fonder des prix : il rouvre à cette jeunesse dont le cœur à l'aspect du monde a ressenti le premier aiguillon de la gloire, la lice où elle combattit pendant ses humanités ; une nouvelle palme est offerte à son ambition et doit couvrir le front du vainqueur. Vous savez comme elle était disputée, vous dont les pères furent admis à ces concours et vous ont transmis les insignes de leurs triomphes. Et qui n'eût été fier d'une couronne reçue des mains de Pothier ? Qui n'eût pas, pour l'obtenir, préparé dès long-tems ses armes ou fait pour s'en procurer de laborieuses recherches? Aussi, à un âge où l'on n'attendait d'eux que de simples notions de la science, ses élèves étaient familiers avec les auteurs qui l'avaient conduite à ses derniers termes, et les premières difficultés de l'art du barreau, l'improvisation et la discussion judiciaire étaient applanies pour eux. Maintenant, le secret de celui qui les dirigeait nous est révélé ; nous ne sommes plus surpris s'il cueillait des fleurs où l'on se plaint souvent de ne rencontrer que des épines, et les sujets brillans sortis de son école achèvent d'en justifier l'excellence et la célébrité. Fière d'un si grand maître, l'université qui le posséda vit s'accroître sous ses auspices l'antique renommée dont elle-même jouissait déjà : la patrie de Pothier fut désormais visitée comme la terre classique de la jurisprudence française, et ce fut aussi à elle que s'adressa l'hommage de cet étranger qui privé du bonheur d'exprimer au plus illustre de ses citoyens sa vive admiration, voulut voir au moins l'endroit où il enseignait et s'inclina avec respect devant la chaire du haut de laquelle il dictait ses savantes leçons.

Un charme dont chacun a senti l'empire fait rechercher avec avidité les moindres détails de la vie privée des grands hommes. Dépouillés de l'auréole dont l'imagination les entoure sur le théâtre de leur gloire, on aime à les accompagner au sein de leur famille : il semble qu'on s'y entretienne avec eux et qu'on y soit admis à la confidence de leurs pensées les plus secrètes. Pénétrés d'un même sentiment, nous sera-t-il permis d'arrêter nos derniers regards sur Pothier déposant tout caractère public pour reprendre les habitudes au milieu desquelles se plaisait sa simplicité ? N'avons-nous pas, cependant, soulevé déjà le voile qui couvre cette partie du tableau, et que peut-elle offrir qui ne nous soit déjà connu ? L'homme de bien est partout le même et dans toutes ses actions se réfléchit la parfaite égalité d'une belle ame. Ainsi, dans Pothier, le Jurisconsulte nous a montré constamment la loi interprétée par la morale ; le Magistrat nous est apparu apportant sur son tribunal l'intégrité, la chasteté de l'esprit et du cœur, un zèle que le bruit du monde et toutes ses distractions n'ont jamais ébranlé ; enfin, tout ce que veulent d'assiduité, de patience et de mansuétude les soins de l'éducation, ne l'avons-nous pas rencontré dans le Professeur ? Ce ne sont pas là de ces vertus de circonstance et créées pour le besoin des situations qui les font ressortir ; mais franches, mais persévérantes, on les retrouve à chaque pas dans la conduite de celui qui les possède et surtout dans ces instans où affranchi de toute contrainte, abandonné à ses propres impulsions, le naturel se découvre tel qu'il est. Que ne pouvons-nous ici recueillir cette foule d'anecdotes qui peignent Pothier sous des couleurs si vraies, et oublier que cette tâche ne doit appartenir qu'à son biographe! Nous parlerions de ses manières ingénues d'autant plus touchantes qu'on lui en aurait volontiers présumé d'austères, de cette timidité sous laquelle son mérite se dérobait, de ce détachement des biens de la fortune si absolu qu'il allait jusqu'à la négligence de ses intérêts. Entouré, comme le sage, d'un petit nombre d'amis, chéri autant que vénéré par eux, il nous révélerait sa sensibilité dans ce commerce où tout est pureté et innocence. Mais quand nous le verrions, sortant du temple où il venait chaque jour offrir à Dieu l'encens de ses prières, aller répandre sous le toît du pauvre d'abondantes aumônes, prévenir le vice en occupant l'oisiveté et épargner au besoin la pudeur de se trahir, de douces larmes couleraient de nos yeux, et notre attendrissement le disputant à l'admiration de ses ouvrages, voudrait, à son tour, lui décerner une couronne et le placerait au rang des héros de la céleste charité.

C'est assister en quelque sorte au triomphe du génie que de le raconter, et le désir de prolonger les émotions que ce récit fait naître entraîne involontairement à comparer entre eux les personnages célèbres. Ne serait-ce point aussi parce qu'on croit, en les rapprochant, combler l'intervalle immense qui trop souvent les sépare dans l'ordre des tems et tromper, pour ainsi dire, le regret qu'on éprouve de les rencontrer si rarement ?

Toutefois ces parallèles qu'un fréquent usage a fait dégénérer en lieux communs ont droit de se disculper d'un semblable reproche, lorsque le même siècle a vu de généreux émules marcher au même but et ravir les mêmes suffrages. Il est surtout permis d'associer deux noms que l'histoire ne pourra séparer, et c'est POTHIER lui-même que nous avons déjà entendu appelant DAGUESSEAU au partage de sa gloire. Si, dans le premier, la science a franchi ses anciennes limites ; si, revêtue des formes les plus faciles à saisir, elle se communique sans efforts, elle doit, dans le second, les mêmes succès au prestige d'une éloquence également profonde et entraînante. L'un a dû rester dans ses ouvrages au niveau de l'intérêt privé et des droits individuels : l'autre s'élève sans cesse aux grandes considérations de l'ordre public et réclame contre l'avantage d'un seul au nom du salut de tous. Vient-on de suivre avec l'écrivain la raison guidée sans cesse par la conscience, on les retrouve encore sur les pas de l'orateur dans ces belles harangues qui transportèrent d'admiration le Sénat Français. Au faîte du pouvoir, celui-ci supporte en philosophe le poids de la prospérité et sait jouir, dans le tumulte des affaires, des consolations de l'étude : celui-là fait ses délices de la médiocrité ; le bonheur n'est pour lui que dans le travail et la solitude. Des deux côtés une vertu sévère s'allie à une aimable indulgence, et quand le ministre n'est occupé qu'à distribuer partout les bienfaits de ses lumières et de sa protection, le savant consacre tous ses momens à produire au grand jour les précieux résultats de ses veilles. Tous deux, enfin, cherchèrent la vérité avec un cœur simple, et tous deux par leur vie, plus encore que par leurs travaux, rendirent à la Religion un éclatant hommage. L'incrédulité se vante de ces esprits audacieux qui n'ont sondé les abymes de la nature que pour y méconnaître la main du Créateur : la foi lui répond en montrant DAGUESSEAU et POTHIER s'humiliant au pied des autels.

Au moment où le calme succédant pour nous à de longs orages, permet enfin de cultiver les beaux-arts, enfans de la paix ; où, sous l'auguste influence du Monarque fondateur de nos institutions nouvelles, l'étude des lois est devenue l'objet principal de l'éducation, l'éloquence ne devait pas rester muette devant les modèles qui se présentent à la jeunesse dans cette carrière. Jurisconsultes, Magistrats, Professeurs, c'est à vous d'achever son ouvrage : ajoutez votre exemple à ses inspirations, et puisse la génération formée à votre école, croître pour le bonheur et faire un jour l'orgueil de la patrie !

www.ingramcontent.com/pod-product-compliance
Lightning Source LLC
LaVergne TN
LVHW020049090426
835510LV00040B/1647